DEUTSCHE AKADEMIE DER WISSENSCHAFTEN ZU BERLIN

VORTRÄGE UND SCHRIFTEN

HEFT 48

DIE IDEE DER STRAFE

von

Arthur Baumgarten

1952

AKADEMIE-VERLAG BERLIN

Angenommen in der Gesamtsitzung vom 23. 11. 1950 für die Vorträge und Schriften

Erschienen im Akademie-Verlag GmbH., Berlin NW 7, Schiffbauerdamm 19
Veröffentlicht unter der Lizenznummer 1218
des Amtes für Literatur und Verlagswesen der Deutschen Demokratischen Republik
Satz und Druck der Druckerei „Thomas Müntzer" Langensalza
Bestell- und Verlagsnummer 2003/48
Preis: DM 1.—
Printed in Germany

Nicht alle *Strafzwecke*, die gegenwärtig auf die Strafrechtspflege Einfluß haben, können als *Strafideen* bezeichnet werden. Die Unschädlichmachung des gemeingefährlichen Verbrechers z. B. hat sicherlich nicht den Charakter einer Idee. Auch die Generalprävention durch Strafdrohungen ist eine Sache reiner Nützlichkeitspolitik. Anders verhält es sich *mit der Strafe als Vergeltung* der schuldhaften freien Übeltat und *mit der Besserung*. Ich beschäftige mich zunächst mit der Vergeltung, um nachher auf die Besserung zu sprechen zu kommen. Die Vergeltung hat, wie heute im Kreise der Vertreter der Vergeltungstheorie fast allgemein angenommen wird, ihre Wurzel nicht im Metaphysischen sondern in einem Schutz-, genauer gesagt, Bewährungstrieb. In der vergeltenden Strafe bewährt der Staat seine physische Überlegenheit über den Verbrecher, festigt er dadurch in den Augen der Rechtsgenossen sein Ansehen, das durch die Begehung des Verbrechens erschüttert zu werden drohte. Das ist eine einigermaßen primitive Reaktion. In die Sphäre des Ethischen erhebt sich die vergeltende Strafe erst, wenn ihr Anwendungsgebiet auf den Kreis der für ihr Tun sittlich Verantwortlichen beschränkt wird.

Sittlich verantwortlich ist nur, wer freiwillig gehandelt hat. Unter Theologen, Moralphilosophen und Strafrechtlern besteht weitgehende Übereinstimmung darüber, daß vergeltende Strafe nur dann gerecht ist, wenn der menschliche Wille frei ist. Dabei macht es keinen großen Unterschied, ob der betreffende Autor auf dem Standpunkt des Indeterminismus oder auf dem des Determinismus steht. Bei Unfreiheit des Willens sagt der Determinist Franz v. Liszt, ist vergeltende Strafe eine Versündigung des Herzens und eine Verirrung des Verstandes. Allerdings ist in Deutschland eine Strafrechtsschule entstanden, die die vergeltende Strafe für vereinbar mit dem Determinismus hält, und gerade in neuester Zeit lehnen die meisten Strafrechtler es ab, die Berechtigung der vergeltenden Strafe vom Indeterminismus abhängig zu machen. Ich werde diesen Sachverhalt am Schluß meiner Ausführungen zu würdigen suchen.

Wie erklärt es sich, daß so viele bedeutende Geister einen unlöslichen Zusammenhang zwischen Indeterminismus und gerechter Strafe ohne weiteres für einleuchtend erachten. Die Frage hat nicht die Aufmerksamkeit gefunden, die sie zu verdienen scheint. Gestatten Sie mir, in aller Kürze zu sagen, wie ich mir die Sache zurechtlege. Als gerecht betrachten wir eine Übelszufügung gegenüber einem andern nur, wenn wir an seiner Stelle bereit wären, uns selbst ein Übelleiden zuzubilligen. Normalerweise sagen wir uns, daß wir ein von uns begangenes Verbrechen nach der Tat bereuen würden. Reue empfinden, sich wegen etwas, das man getan hat, Gewissensvorwürfe machen, heißt annehmen, daß man anders hätte handeln können, als man gehandelt hat. Hätte ich die verbrecherische Handlung unterlassen — ich konnte es ja, da mein Wille frei war —, wie viel besser wäre es für mich gewesen, aber jetzt sind solche Überlegungen leider verspätet, Vergangenes läßt sich nicht ungeschehen machen. Und doch, man kommt nicht davon los, immer wieder zu wünschen, daß die Vergangenheit anders gewesen wäre als sie gewesen ist, um immer und immer wieder sich dem ehernen Gesetz gegenüberzusehen, daß die Vergangenheit ihren Raub nicht zurückgibt. Aus solchen Gedanken geht der Schmerz der Reue hervor, und diesen Schmerz rächt man an sich selbst, indem man die Strafe, die der Richter verhängt, willig entgegennimmt oder, wenn eine Strafe seitens des Staates oder der Gesellschaft ausbleibt, an sich selbst vollzieht.

Zweifellos gibt es Menschen, die der Reue unzugänglich sind und Spinoza hat sie für des Weisen unwürdig erklärt. Das hindert nicht, daß das Auftreten von Reuegefühlen eine regelmäßige psychologische Erscheinung ist. Sigmund Freud meinte sogar, daß das so weit verbreitete Unbehagen in unserer Kultur seine Wurzel in Schuldgefühlen habe, was freilich eine sehr gewagte Behauptung ist. Aber hat nicht Spinoza darin Recht, daß die Selbstkasteiung wegen etwas, das sich nun einmal nicht rückgängig machen läßt, töricht ist? Hat er nicht auch dann recht, wenn man seinen Determinismus durch den Indeterminismus ersetzt? Man wird sagen, daß die Reue unter teleologischen Gesichtspunkten durchaus verständlich sei, insofern sie den, der sie empfindet, vor dem Rückfall ins Verbrechen bewahrt und unter Umständen sogar zu dem Entschluß führt, fortan alle Kräfte in den Dienst des bonum commune zu stellen. Das ist nicht unrichtig, genügt aber doch, wie mir scheint, nicht, um der Bedeutung der Reue ganz gerecht zu werden. Wir sollten dies Phänomen als Einzelfall einer allgemeineren Erscheinung fassen und uns fragen, woher es kommt, daß die Menschen die Neigung haben, sich mit unmöglichen und als unmöglich empfundenen und trotzdem beharrlich fortgesetzten Versuchen abzuquälen. Vielleicht liegt in dieser Neigung die Hauptquelle des seelischen Schmerzes. Ich besaß es doch einmal, was so köstlich ist, daß man, ach zu seiner Qual, nimmer es vergißt. Die Erinnerung ist qualvoll, soweit sie mit dem Wunsch verbunden ist, Vergangenes wieder zu Gegenwärtigem zu machen und dieser Wunsch ein — freilich untauglicher — Versuch seiner Realisierung ist. Wie viele alternde Menschen wollen, sich selbst zum Leide, um keinen Preis alt werden, obschon sie wohl wissen, daß nichts ihnen die Jugend zurückgeben kann. Es gibt kaum einen größern Schmerz als den, den uns der Tod derer bereitet, die uns teuer sind. Wenn wir uns immer von neuem ihr Bild vergegenwärtigen, so liegt dem der geheime unerfüllbare Wunsch zugrunde, sie dadurch wieder ins Leben zurückzurufen. Wir versuchen es mit der Magie des Gedankens und der Beschwörung der Götter und wissen doch, daß sie machtlos sind. Tu frastra pius heu, non ita creditum poscis Quintilium deos. Um grundsätzlich das gleiche handelt es sich, wenn man — ach zu seiner Qual — daran denkt, wie gut es wäre, wenn die Unrechtstat unterblieben wäre und der Flecken, den sie bedeutet, nicht auf unserm Leben haften würde. Die Volksweisheit rät uns, Vergangenes vergangen sein zu lassen — let bygones be bygones sagen die Engländer — und die Philosophen stimmen ihr zu. Aber keine philosophische Lehre ist so wenig beachtet worden, wie die der Stoiker, daß was nicht eph hemin ist, was nicht von unserm Willen abhänge, uns auch nichts angehe, nicht pros hemas sei. Der Grund hierfür dürfte darin zu finden sein, daß der Mensch, der ein zum Handeln bestimmtes Wesen ist, in den Anfängen der Entwicklung, in denen wir uns wohl immer noch befinden, nur in verhältnismäßig wenigen Ausnahmefällen schöpferisch ist und daher die Werte des Lebens zu nicht geringem Teil von der negativen Seite her sich zum Bewußtsein bringt, eben in den vergeblichen Bemühungen um Wiedererlangung von Verlorenem, von denen eben die Rede war. Ist es leichtfertiger Optimismus anzunehmen, daß, wenn einmal die Menschheit als Ganzes durch bessere Organisation ihrer Kräfte ihre schöpferischen Fähigkeiten gesteigert hat, die Einzelnen die Werte des Lebens überwiegend von der positiven Seite her innerlich realisieren werden?

Sehe ich recht, so gibt es keinen einschneidenderen Unterschied zwischen Weltanschauungen als den zwischen einer archaischen und einer sub specie futuri konzipierten Weltanschauung. Dieser Unterschied ist geschichtlich ebenso bedeutungsvoll wie der zwischen Idealismus und Materialismus, der mit ihm in engem Zusammenhang steht. Die archaische Weltanschauung blickt auf die arche, den Ursprung der

Dinge, findet in ihm das Gute, das es zurückgewinnen gilt: Paradise lost und Paradise regained, diese Namen der beiden großen Gedichte Miltons könnten als ihr Motto dienen. Für die Weltanschauung sub specie futuri liegt das Wesen der Dinge in einem Werdenden, einem Besseren, das wir mit vereinten Kräften schaffen oder fördern sollen. Sie ist, um einen Ausdruck von William James zu gebrauchen, ein Meliorismus. Das Ethos der Vergeltungsstrafe trägt unverkennbar den Stempel der archaischen Weltanschauung. Schuld und gerechte Vergeltung sind Kardinalbegriffe einer solchen Weltanschauung. Manches spricht dafür, daß wir in einer Zeit leben, in der die archaische Weltanschauung einer Weltanschauung sub specie futuri Platz zu machen beginnt. Die jüngste Entwicklung des Strafrechts und seiner Wissenschaft läßt sich als Beleg hierfür anführen. Bevor ich das zu zeigen versuche, muß ich meine Stellungnahme zum Problem der Willensfreiheit skizzieren; eine nähere Begründung ist bei dieser Gelegenheit nicht möglich.

Wer den Willen für unfrei erklärt, trägt die Beweislast. Die Selbstbeobachtung bekundet die Willensfreiheit; es gibt keinen Willen, der sich nicht als fähig empfindet, zwischen verschiedenen Entschließungen zu wählen. Der Beweis, daß es sich hier um eine Illusion handelt, dürfte bis auf den heutigen Tag kaum geführt sein. Die Argumente der griechischen Philosophen zugunsten der unumschränkten Geltung des Kausalprinzips wurden schon im Altertum als ungenügend dargetan. Mit Kants Transzendentalphilosophie trat die Diskussion in ein neues Stadium, aber Schopenhauer, der im wesentlichen die Kantsche Transzendentalphilosophie übernahm, hat den Beweis von Kant für den apriorischen Charakter des Kausalprinzips meisterhaft widerlegt. Sein eigener Beweis ist jedoch schwerlich überzeugender als der Kantische. Großen Eindruck machte es längere Zeit, daß die Naturwissenschaft das Kausalprinzip als eine conditio sine qua non ihres Bestehens zu postulieren schien. Indessen sind neuerdings, namentlich seit den Unbestimmtheitsrelationen von Heisenberg, die Naturwissenschaften gegenüber einer Freiheit wie sie für die Schuldstrafe erforderlich ist, toleranter geworden. Der französische Physiker Paul Langevin spricht von einem statistischen Determinismus und meint, daß er für unsere moralischen und sozialen Anschauungen befriedigender sei, als ein absoluter Determinismus. Nach dem gegenwärtigen status causae et controversiae hat die vergeltende Schuldstrafe von der Kausalitätslehre nicht viel zu fürchten, denn ein Indeterminismus, der durch keinerlei Wahrscheinlichkeitsregeln begrenzt wäre, wird von ihr nicht beansprucht. Die Gefahr kommt von einer anderen Seite.

Im letzten Drittel des 19. Jahrhunderts trat eine neue Strafrechtschule auf den Plan, die einer ihrer Begründer, Franz von Liszt, als Schule der modernen Schutzstrafe bezeichnete. Als strenger Determinist bekämpfte Liszt, wie wir sahen, die Vergeltungsstrafe, aber der Kern der Polemik lag in etwas anderm. Vergeltung ist triebhafte, gefühlsmäßige Reaktion auf das Verbrechen. An ihre Stelle sollte eine rationelle wissenschaftlich fundierte Kriminalpolitik treten. Von gegnerischer Seite wurde eingewendet, daß die neue Schule utilitaristisch, naturalistisch eingestellt sei, daß sie, den Verbrecher wie einen gefährlichen Kranken behandelnd, das Strafrecht seiner sittlichen Würde entkleide. Die neue Schule blieb diesem Vorwurf gegenüber anfänglich nicht völlig gleichgültig. Sie wolle, sagten einige ihrer Vertreter, den Gedanken der sittlichen Verantwortlichkeit nicht preisgeben. Nur sollte an Stelle der individuellen Verantwortlichkeit die Kollektivverantwortlichkeit betont werden und an Stelle der Verantwortlichkeit für vergangenes Geschehen die Verantwortlichkeit für eine Verbrechensbekämpfung, die allmählich dazu führen werde, das Verbrechen als gesellschaftliche Erscheinung auf ein Minimum zu reduzieren. Es stand im Einklang hiermit, wenn die neue Schule in Aussicht nahm, die Kriminalpolitik zu einem Teil einer umfassenden Sozialpolitik zu machen. Das hieß für ein prinzipielles Denken, daß man auf dem Gebiet des Strafrechts sich anschickte, von einer archaischen Weltanschauung zu einer Weltanschauung sub specie futuri in dem vorhin bezeichneten Sinn dieser Ausdrücke überzugehen. Es war ein kühner Vorstoß in Neuland, der sich nicht durchführen ließ. Die Weltanschauung sub specie futuri, die wir im Auge haben, fordert eine tiefgreifende Umgestaltung unserer bisherigen Gesellschaft, und es ist nicht Aufgabe des Strafrechts und seiner Wissenschaft, eine solche Umgestaltung in Angriff zu nehmen. Das Strafrecht ist ein sekundäres, ein sanktionierendes Recht. Daher hat denn auch die neue Schule die weltanschauliche Auseinandersetzung bald aufgegeben und in praktischer Hinsicht auf Vorschläge großzügiger Sozialreformen verzichtet, um sich ganz auf ein Programm zweckmäßiger Kriminalpolitik zu beschränken.

Ein derartiges Programm suchte der italienische Vorentwurf von 1921 zu verwirklichen, der unter maßgeblicher Mitwirkung Enrico Ferris, des bedeutendsten Vertreters der neuen Schule neben Liszt, zustande gekommen ist. Die Strafe dieses Entwurfs, die er Sanktion nennt, ist nicht als gerechte Vergeltung gedacht, sondern ist eine wohlerwogene Maßnahme zum Schutz der Gesellschaft vor gefährlichen Elementen. Man kann es gewiß keiner Gesellschaft verargen, wenn sie sich aufs energischste und überlegteste zu schützen trachtet, nur handelt es sich dabei nicht um die Verfolgung sittlicher Zwecke und die Verfasser des Entwurfs haben das auch nicht behauptet. Vielleicht entgegnet man, für den italienischen Entwurf wie für die neue Strafrechtsschule im allgemeinen spiele die Besserung des Delinquenten eine große Rolle und Besserung sei doch zweifellos eine ethische Zielsetzung. Indessen versteht man seit Grolman, der um die Wende des 18. zum 19. Jahrhundert lebte, unter Besserung im Strafrecht nicht sowohl moralische als vielmehr bürgerliche Besserung, d. h. Anpassung an die jeweilige Gesellschaft. Die Anpassung kann sittlich nicht höher stehen als die Gesellschaft steht, an die sie sich zu vollziehen hat.

Der italienische Entwurf ist nie Gesetz geworden und zwar aus Gründen, die mit sittlichen Erwägungen nicht viel zu tun haben dürften. Im großen und ganzen scheint es mir kein übles Zeichen für den moralischen, wenn auch nicht für den intellektuellen Standard unserer Zeitgenossen, daß die Siegeshoffnungen der neuen Schule, die nach ihren ersten Erfolgen begründet schienen, sich schließlich doch nicht bewahrheitet haben. Das schweizerische eidgenössische Strafgesetzbuch von 1942 faßt die Strafe als Vergeltung der schuldhaften Tat. Der neuen Schule macht es die Konzession, daß es neben die Strafe einen Katalog von sog. sichernden und bessernden Maßnahme stellt, der den Programmen der neuen Schule entnommen ist. Mit diesem Kompromiß, das schon in den ersten Entwürfen enthalten war und von dem Kriminalisten Karl Stooß stammt, ist das Schweizerische Strafgesetz für die neueste Strafgesetzgebung vorbildlich geworden. Es ist m. E. nicht nur verständlich sondern sogar berechtigt, daß man im Strafrecht an dem alten Ethos der vergeltenden Schuldstrafe festhält, solange sich nicht ein neues Ethos der Gemüter bemächtigt hat und im Leben der Gesellschaft verwirklicht werden kann. Andererseits zeigt sich bei näherem Zusehen, daß das alte Ethos der Vergeltungsstrafe nicht mehr sehr lebenskräftig ist. Man könnte versuchen, diese Behauptung an Hand der Strafgesetzbücher zu begründen, aber ich will mich lediglich an die Strafrechtswissenschaft halten. Die gesetzlichen Formeln der Zurechnungsfähigkeit pflegen deutlich zum Ausdruck zu bringen, daß, wer der freien Willensbestimmung ermangelt, nicht zu bestrafen ist. Was ist unter der freien Willensbestimmung im Sinn der Vorschriften über die Zurechnungsfähigkeit zu verstehen? Die communis opinio der Strafrechtswissenschaftler unserer Tage geht dahin, daß es für das Strafrecht nicht wesentlich sein könne, ob der menschliche Wille als frei oder als streng determiniert zu gelten hat, wofern Indeterminismus und Determinismus im philosophischen Sinn verstanden werden. Es ist nicht unbegreiflich, daß man zu dieser Auffassung gelangen konnte. Will der Richter feststellen, ob der Angeklagte bei Begehung der Tat unzurechnungsfähig war oder nicht, dann muß er den psychiatrischen Sachverständigen beiziehen. Der Psychiater wird, soweit er im Bereich seiner Wissenschaft bleibt, mit dem liberum arbitrium indifferentiae der Philosophen kaum etwas anzufangen wissen, was er als Sachverständiger sagen kann ist nur, ob der Motivationsprozeß, der zur Begehung der Tat geführt hat, ein normaler oder ein krankhafter war. Es wird sich nicht bestreiten lassen, daß er ein krankhafter gewesen sein kann, ohne daß die Willensfreiheit des Subjektes, ich meine die Willensfreiheit im Sinne der Philosophie, dadurch ausgeschlossen wäre. Wer aber will darüber entscheiden, ob dies im Einzelfall zutraf oder nicht? Der Richter mutet sich eine solche Entscheidung nicht zu und kann sich dabei auf die Strafrechtswissenschaft stützen, die die Willensfreiheit, soweit sie für die Zurechnungsfähigkeit in Betracht kommt, als psychologische Freiheit faßt. Die psychologische Freiheit ist nichts anderes als die normale Determinierbarkeit durch Motive, als welche Liszt, dieser ausgesprochene Gegner der Vergeltungsstrafe und Verfechter des Determinismus, die Zurechnungsfähigkeit definierte. Da nun aber die heutige Strafrechtswissenschaft, auch wenn sie von Anhängern der Vergeltungsstrafe betrieben wird, die Frage der Willensfreiheit nur anläßlich der Frage der Zurechnungsfähigkeit zu behandeln pflegt, ist die Frage nach der eigentlichen echten Willensfreiheit überhaupt kein Problem mehr für unsere Juristen. Quantum mutati ab illis. Wie anders war es in jener Zeit, als die hervorragendsten Vertreter der gerechten Vergeltungsstrafe, wie Binding und Birkmeyer, geradezu heroische Anstrengungen machten, die Richtigkeit des Indeterminismus zu beweisen, während die Vertreter der neuen Schule sich mit nicht geringerem Eifer und nicht geringerem Scharfsinn für den Determinismus einsetzten. Ist es nicht ein Symptom für die Abschwächung des Schuldethos, wenn die zu seiner Klärung in erster Linie berufene Wissenschaft darauf verzichtet, es in seinen Tiefen zu erhellen?

Unsere Zeiten sind solche großer Umwälzungen unseres Gesellschaftslebens und damit unseres gesamten Geisteslebens. Eine neue Weltanschauung ringt mit einer alten. Die alte ist erschüttert, die neue hat sich — wenigstens in unsern Ländern — noch nirgends im Leben ganz durchzusetzen vermocht, sie hat günstigstenfalls die ersten Schritte ihres Eintritts ins Leben getan. Die neue Weltanschauung paßt nicht für eine Gesellschaft wie die bisherige, sondern für eine Gesellschaft, die sich zu einer umfassenden solidarischen Arbeitsgemeinschaft aller ihrer Mitglieder umgestaltet hat. Sie bringt neben vielen anderen ein neues Strafethos mit sich. Doch ist anzunehmen, daß, wenn einmal die neue Gesellschaftsordnung zur Entstehung gelangt ist und sich eingebürgert hat, das Strafrecht, das heute stolz darauf sein darf, die einzige Disziplin der traditionellen Rechtswissenschaft zu sein, die stets in einem gewissen Kontakt mit der Philosophie, insonderheit mit der Ethik, geblieben ist, nur noch eine sehr bescheidene Rolle spielen wird.

FSC
www.fsc.org
MIX
Papier | Fördert
gute Waldnutzung
FSC® C083411

Kolibri 360 GmbH
Ferdinand-Jühlke-Straße 7
99095 Erfurt, Deutschland
produktsicherheit@kolibri360.de